प्रेम से प्रेम तक

मोनिका अरोरा

सन्मति

Title: Prem Se Prem Tak
ISBN: 9789390539413
Author : Monika Arora
© Monika Arora

प्रकाशक
सन्मति पब्लिशर्स
बी-347, संजय विहार,
मेरठ रोड, हापुड़-245101 (उ0प्र0)
Website: www.sanmatiindia.com
Email: sanmati555@gmail.com
प्रथम संस्करण : मार्च 2023

आवरण सज्जा : सौम्या श्रीवास्तव

Print & Published by:
Tingle Books, Hapur

मेरी किताब के हर सफ़हे से महक प्रेम की आएगी

समर्पण

हाँ! ये किताब किसी और विषय पर होती तो मुझे शायद वक़्त लगता सोचने में कि यह किताब किस को, क्यूँ और किसलिए समर्पित की जाए। मगर क्यूंकि यह किताब 'प्रेम' पर है तो बेझिझक " प्रेम से प्रेम तक " को समर्पित करती हूँ अपनी बहन रीतिका और उसके प्रीत मेरे जीजा जी सतप्रीत को। इन दोनों ने सिखाया मुझे प्रेम के मायने, उसे निभाना, उसकी नोंक झोंक, एक पूरा सफर प्रेम से प्रेम तक का।

भूमिका

ज़िंदगी तुम्हारे उसी गुण का इम्तिहान लेती है, जो तुम्हारे भीतर मौजूद है। मेरे अंदर इश्क़ था।

- अमृता प्रीतम

अमृता प्रीतम जी की ये पंक्तियाँ मेरे अंदर ऐसे समाई हुई हैं जैसे मेरी खुद की रूह हो। प्रेम यकीनन हम सब में बसा होता है लेकिन हम को एक उम्र लग जाती है इसे समझने में, समझाने में और अपने प्रेमी तक पहुँचाने में। मैंने जब कविताएँ लिखनी शुरू की थीं तो मैं केवल आठ साल की थी, उस छोटी सी लड़की के लिए सबसे महत्त्वपूर्ण भाव दोस्ती था, तो मेरी पहली कविता, मैंने अपनी दोस्त को लिख कर दी थी। उम्र बढ़ते बढ़ते भावनाएँ बदली, एक भाव आकर मन में और कलम में बस गया और उसने फिर कभी मेरा साथ नही छोड़ा, वह भाव था प्रेम का। मुझे यकीन था कि मुझे प्रेम मिलेगा, मुझे प्रेम मिला, प्रेम से मिली उस से जुड़ी महत्वकांक्षाऐं, इच्छाएँ, सपने और हाँ प्रेम का सबसे अहम हिस्सा उस से जुड़ी पीड़ाएँ।

यह भी सत्य है कि प्रेम, इश्क़, मुहब्बत यह एक ऐसी भावना है जिस पर सबसे ज़्यादा और सब से विस्तार में कवियों ने, लेखकों ने लिखा होगा। और, ऐसी एक भावना जिसको हर बार एक नए तरीके से लिखा गया। इस बार शायद मेरी बारी थी इसको अपनी कविताओं के माध्यम से आप तक पहुँचाने की। आइए मेरे संग तय करिए ये सफर ”प्रेम से प्रेम तक का”

- मोनिका

आभार

मैं सबसे पहले आभारी हूँ अपने साई की जिन्होंने मुझे इस काबिल बनाया है कि मैं खुद की किताब लिखूँ। दूसरी मेरी पापा की, जिनकी लिखी हुई कविताएँ, शायरी मुझे होश संभालते ही सुनने को मिलीं। मेरी माँ का आभार जिनकी मेरे ऊपर सबसे ज़्यादा मेहनत रही है। जो कुछ हूँ सब उनकी मेहनत का फल है। मेरे जीवन के प्रेम की, जो मेरे साथ है, और रहेगा ...

मैं आभारी हूँ पवन जैन सर की और मेरी बहन प्रीति चितकारा की जिन्होंने मेरा परिचय आगमन से करवाया। मैं आभारी हूँ बहुत बड़े स्तर से YourQuote App और उस से मिले हर एक दोस्त की। मैं आभारी हूँ हर एक उस शख्स की जिन्होंने मुझे ये बोला कि आप बहुत अच्छा लिखती हैं।

1994 से 2014 तक मैंने सिर्फ एक डायरी में कवितायें लिखीं, 2015 से मैंने सार्वजनिक रूप से लिखना शुरू किया, फेसबुक, इन्स्टाग्राम, YourQuote, इन सब platforms पर मुझे पढ़ने वालो को दिल से धन्यवाद।

 2008 में मैंने सोचा था कि अपनी किताब ज़रूर लिखनी है, तो मैं आभारी हूँ खुद की, कि मैंने अपने इस सपने को मरने नहीं दिया और सन्मति पब्लिकेशन्स की जो इसे साकार करने में मेरी मदद कर रहे हैं।

नीना माँ, आपका दिल से आभार, हर एक चीज़ के लिए।

- मोनिका

अनुक्रमणिका

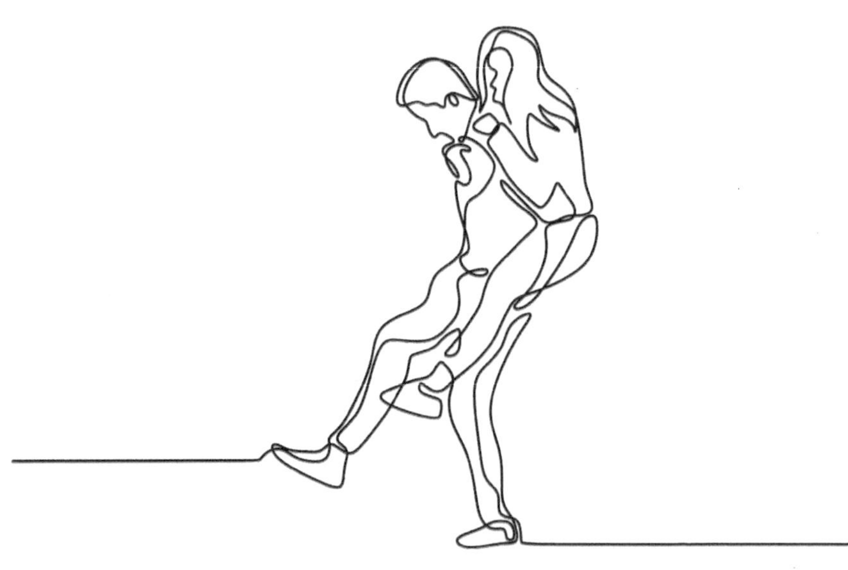

प्रेम के पथ पर

प्रेम के पथ पर
जिस जगह तुम थक गए
उस जगह मैं चली
तुम्हें सहारा देते हुए
जब मेरे पाँव में पड़े छाले
तो तुमने मुझे गोद में उठा लिया

एक दूजे का साथ देते हुए
हम चलते गए
एक मंज़िल के इंतज़ार में
लेकिन, यह सच तुम भी जानते हो
और मैं भी
कि कोई अंत नहीं इस पथ का
हमें बस चलते जाना है
एक दूसरे को सँभालते हुए
ताकि कटता रहे यह सफर
प्रेम का, प्रेम से।

प्रेम में स्वीकारना

अंत में मैं तुम्हें

तुम्हारे सब ही चाहने वालों के

साथ स्वीकार करूँगा

क्योंकि अंत में

जब तुम मेरे करीब होगी

तो वो सब काफ़ी दूर लगेंगे...

तुम्हें, तुमसे।

प्रेम की वजह

तुम्हें प्रेम करने की
केवल एक ही वजह है मेरे पास
कि मुझे तुमसे प्रेम है।
इस से ज़्यादा न मैंने कभी ढूंढा
न ढूँढने की कोशिश की।

प्रेम की जगह

दुनिया वालों के लिए
एक आम सी जगह
जिस पर होता है
रोज़ मिलना हमारा...

वो जगह
जो ना तेरी है
ना मेरी है
ना है किसी और की ही

प्रेम की एक दुनिया
बनाई हमने
ठीक उसी जगह
जिसकी ख़बर
है सिर्फ हमें

दुनिया जो बसती है,
सजती है,
ज़िंदा होती है,
सिर्फ हमारे मिलने पर

और हमारे जाते ही
बन जाती है
फिर से...
एक आम सी जगह
दुनिया वालों के लिए।

प्रेम का भूगोल

भूगोल वाले पहाड़ों से लेकर
गणित वाले पहाड़ों तक
हर एक चीज़ में प्रेम को ढूँढ लेना
प्रेम में होने की निशानी है।

प्रेम को जताना

प्रेम में,
सिर्फ प्रेम
करने से,
प्रेम होने से,
काम नहीं चलता
प्रेम में ज़रूरी है
प्रेम को जताना।

प्रेम पत्र

तुम्हारा ख़त मिला करता था

उसे चूम लिया करती थी

दस बार पढ़ती

सीने से लगाती

इतना करीब होते थे तुम

मानो हाथों में ख़त नहीं हाथ तुम्हारा है

पर अब

तुम दिन में सौ मर्तबे

करते हो मैसेज

बात भी होती है

फ़ोन पर घंटो घंटो

मगर,ये

लंबी- लंबी वीडियो कॉल

एहसास करवाती है

दूरियों का

हर बार स्क्रीन को

छूते हुई ये उंगलियां

तरसती हैं

लिफ़ाफ़े में कैद

हो कर

मुझ तक आये

तुम्हारे एहसास को

अब जाना

खतों में महक भेजी

जा सकती है।

प्रेम की खबरी

सबसे छुप कर

बचते-बचाते

जाने कैसे

तुम तक

हर बात

पहुँचाती है।

हो ना हो

ये आँखें मेरी

खबरी

सिर्फ तुम्हारी हैं।

प्रेम में चूमोगे एक कवि

जब तुम चूमोगे एक कवि को

तुम चूमोगे उन तमाम अक्षरों को

जो बने कविताएँ...

जिन्होंने भिगोया दामन

बारिश की बूँदों के साथ,

जो महके बाग़ में फूलों के साथ

जो चहकने लगी कोयल की भाँति

जो नाचती है मोर की तरह ही,

जब तुम चूमोगे एक कवि को

तुम चूमोगे समुन्द्र की लहरों को,

उसके खारेपन को भी,

तुम चूमोगे हर एहसास को

हर तरह की प्यास को,

तुम चूमोगे प्रेम के हर रूप को

उसकी छाँव को धूप को

तुम चूमोगे हर मौसम को

मौसम के बदलाव को।

दिन को रात को,

ख़ामोशी को बात को,

हर एक जज़्बात को

तुम चूमोगे उसकी उदासी को
तुम चूमोगे उन लाखों
लोगों के दर्द को
जिसको कवि ने समझा
और अपना बना लिया
फिर उतारा उनको
पन्नों पर।
और उन अक्षरों को भी चूमोगे तुम
जो कभी ना बन सके कविताएँ
बस घूम रही हैं इर्द गिर्द
इस भूमण्डल के...

सुनो तुम चूमोगे जब एक कवि को तो
चूमोगे एक पूरा ब्रह्माण्ड।

प्रेम की तितलियाँ

वो तितलियाँ जो

बैठ जाया करती थीं

मेरे इर्द-गिर्द

जब-जब मुझे छूते थे तुम

क्या भूल चुकी हैं

अपना ठिकाना

या अब तुम

मुझे उस तरह से

छूते ही नहीं?

वो सारंगी जो

बज उठता था

कानों में मेरे

जब-जब मुझे देख मुस्कुराते थे तुम

क्या भूल चुका है

लय-सुर-ताल अपनी

या अब तुम

मुझे देख कर

मुस्कुराते ही नहीं?

वो सूरज जो ढल जाता था
आ कर बांहों में मेरी
जब-जब गले लगा लेते थे तुम
क्या भूल चुका है अस्त होना
या अब तुम ही
मुझे उस स्नेह से
गले लगाते ही नहीं?

कुछ तो बदला होगा
दरमियाँ हमारे
वो रातें जो कट जाया करती थीं
पलक झपकते ही
जब-जब पास होते थे तुम
हो चली हैं बहुत लम्बी
और अब पलक झपकते ही
सो जाया करते हो
तुम।

प्रेम का गुब्बारा

ट्रैफिक सिग्नल
पर गुब्बारे बेचते हुए
उस बच्चे के चेहरे
की मुस्कान
जिस के हाथ
में तुम थमाते
हो दस रुपए
एक गुब्बारे के
बदले
क्या याद
दिलाती है तुम्हें
मेरी एक मुस्कान की ?
जो आ जाती
है मेरे चेहरे पर भी,
तुम्हारे सिर्फ ये पूछ लेने से
कि कैसी हो तुम?

प्रेम के रजनीगंधा

तुम्हारी छाती से सट कर

सोने की आदत सी है मुझे...

ऐसा लगता है मानो

चादर बिछी है

रजनीगंधा के फूलों की

और उस पर

सर रख कर

सो रही हूँ मैं

मानो खो रही हूँ

उनकी महक में

वो महक तुम्हारे बदन की होती है...

तुम्हारे चौड़े कंधों

में छुपा लेती चेहरा अपना

जैसे सूरज थक हार के

छुप जाता है उन पहाड़ियों में

शाम ढले

और पा लेता है

क्षितिज पर

अपना रतिक्षण...

और तुमसे लिपटते हुए

जब एकाएक तुम भी

मुझे भर लेते हो बांहों में अपनी

और रख देते हो हथेली

मेरी कमर पर ऐसा लगता है

मानो आज धरती निकली हो

चाँद की परिक्रमा पूरी करने।

प्रेम के करीब

तेरे नज़दीक आना चाहती हूँ मैं
जितने नज़दीक है तेरी पीठ के ये काला तिल तेरा
जितनी नज़दीक तेरे कलेजे के ये दिल तेरा

नज़दीक है नाख़ून तेरे उँगलियों के
नज़दीक है उंगलियां तेरी हथेलियों के

हथेलियों में जो गड़ी है रेखाएँ तेरी
नज़दीक इतना ही होना चाहती हूँ मैं भी

नज़दीकी चाहती हूँ इस किस्म की
जैसे रोंगटे नज़दीक है तेरे जिस्म के

 पलकों से बरौंनी की करीबी
काँख, कन्धा और कोहनी सी करीबी

तेरी छाती से सट के लगे थन तेरे
करीब है जितने नस और नब्ज़ तेरे

और सुन नज़दीकी का सिलसिला ऐसा हो
मैं लगूं तुझ सी और तू मेरे जैसा हो

चूमें जो तुझे होठ मेरे कभी
लगे के वो है तेरे ही होठ

हाथो में जो पकड़ूं हाथ तेरा भी
लगे बाये हाथ में दायां हाथ मेरा ही

सांसे मेरी यूँ घुल तेरी साँसों में जाये
हिचकी लू मैं, और नफ़्स तेरी टूट जाये।

प्रेम की कविता

यूँ भींच लेते हो तुम
आकर मुझे अपनी बांहों में
मानो जैसे जज़्बात कस कर
लिपट गये हो आकर चंद शब्दों के
और कर दिया हो उन्हें पूर्ण

मानो जैसे मात्र एक दूजे में रल जाने से ही अपने आप ही
रच गई हो एक सुंदर सी
प्रेम कविता।

प्रेम को पाना

बचपन में

तितलियों के पीछे

भागती थी

भागना अच्छा लगता था

उनको ना पकड़ पाने का

दुःख कभी हुआ नहीं

क्यूंकि मुझे उन्हें कभी

पाना ही नहीं था

बस उनके पीछे भागना था

परन्तु तुम्हारे

पीछे मैं भागी

तुम्हें पाने को

तुम्हारे पीछे भागना

लगा बिल्कुल

उन तितलियों के पीछे

भागने जैसा

जो इस फूल से उस फूल

पर बैठने में खुश थी

वो एक फूल पर टिकने को

बनी ही नहीं...

बचपन में मैं समझ नहीं पायी थी
कि मैं चाह कर भी तितलियों को
ना पकड़ पाती
तुमने मुझे सिखाया है
तितलियों को समझना और
तितलियों ने तुम्हें समझना।

प्रेम की दुनिया

तेरी बांहों में आकर
कैसे मुझे लगता है
कि दुनिया बस इतनी ही है,
हर बार

हर बार, यही लगता है कि
जीवन भी बस इतना ही बाक़ी है
जितनी देर तुमने मुझे लगा रखा है
सीने से अपने

और अब यह तय
भी मुझे ही करना है
कि ये बचा-खुचा जीवन
अपनी दुनिया को निहारते हुए
गुज़ार दूँ...

या गुज़र जाऊं
लेने को पुनर्जन्म
इसी दुनिया में
जब-जब तुम भरो
बांहों में अपनी।

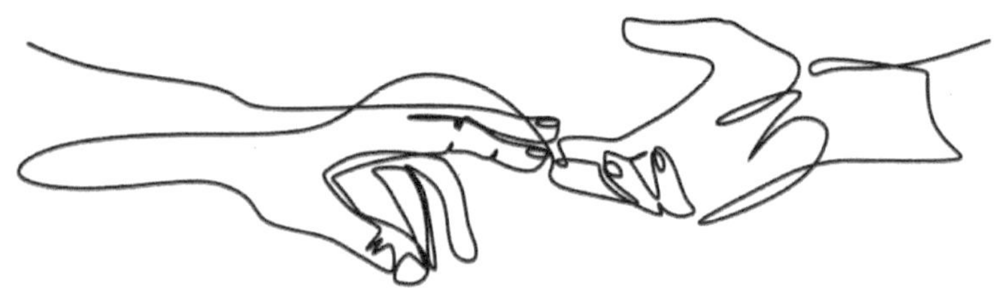

प्रेम में हाथ थामना

प्रेम में हाथ थामना सिर्फ हाथ थामने जितना सरल नहीं...
यह कठिन है खामोशियों को समझने जितना,
कठिन है उन परेशानियों में
 भागीदार बन जाने जितना,
जिनका आपस में कभी ज़िक्र नहीं होता।
सिर्फ हाथ भर थामना होता है अपने प्रेमी को पूरे जीवन के
लिए उम्मीद देना कि हम हैं साथ, चाहे जो कुछ हो जाए।
और हाँ! यह उम्मीद देना सरल बात नहीं, साथ देना इतना
आसान नहीं।

प्रेम का एक साथी

तुमको चाहिए था एक साथी

साथी जो तुम्हारा साथ निभा सके

अंत तक...

तुम इस खोज में भटक रहे हो

थक जाते हो,

तो आते हो मेरे पास

रुकते हो,

अपना दुःख सुनाते हो...

मैं सुनती हूँ

तुम्हारी हर बात

और देखती हूँ

तुम्हे फिर से

जाते हुए।

भटक रहे हो तुम

और शिकायत भी तुम्हें

ही है मुझसे,

कि रहती नहीं

हर वक़्त साथ में मैं जैसे है शिकायत सब ही को

सूर्य से,

और खटकता है

उस का दिन में आना,

शाम को जाना...

जब कि सत्य यह है

सूर्य कभी अस्त होता ही नहीं

कभी होता नहीं सूर्योदय

वो तो स्थिर था, है और रहेगा...

बस भटकती रह जाएगी पृथ्वी जैसे भटक रहे हो तुम।

प्रेमिकाएँ जो कवयित्री हो

प्रेमिकाएँ भरना चाहेगी

अपने प्रेमी को अपनी

बांहों में

लगा कर रखना चाहेगी

सीने से

मिलना चाहेगी एकांत में

पकड़ना चाहेगी हाथ भीड़ में

कैद करना चाहती है अपने प्रेमी को

उम्र भर के लिए

अपने प्रेम में

प्रेमिकाएँ जो कवयित्री भी हो

वो भर लेती है अपने प्रेमी को

एहसासों में

और उतार लेती है उसे

अपने शब्दों में

कैद कर लेती है अपने प्रेमी को

उम्र भर के लिए

अपने प्रेम में

और पन्नों पर।

प्रेम की सिगरेट

मैं होती हूँ
तुम्हारे साथ
पर तुम्हारे
हाथ में नहीं होता है
हाथ मेरा
बल्कि होती है
एक सिगरेट
सुलगती हुई
और
सुलगती हुई
ही रह जाती हूँ मैं भी
तुम होठों से लगा कर
उसे कर लेते हो आँखें बंद
खींचते हो लम्बे लम्बे कश
शायद सुकून देता है
तुम्हें उसका धुआँ
उस धुएँ से मैं
भी उसी क्षण
बनाती हूँ
अपनी कल्पना से

एक तस्वीर कि

मैं हूँ साथ तुम्हारे और

तुम्हारे हाथों में है बस हाथ मेरा

आँखें बंद कर के

तुम होठों से चूम रहे हो

लबों को मेरे

सुकून दे रहा है

ये पल तुम्हे भी

और अब एकाएक

ना वो सिगरेट सुलग रही है

और ना ही मैं।

प्रेम का गणित

मैंने जोड़ा
मैंने घटाया
गुणा किया
और भाग भी

मगर
कुछ जुड़ा नहीं
कुछ घटा नहीं
ना ही कुछ भाग हुआ
और ना हुआ गुणा
क्यूंकि शून्य था
और शून्य ही रहा

ये तेरा मेरा रिश्ता।

प्रेम में तेरी याद

कभी दबे पाँव

और कभी

पायल छनकाती आयी

आयी तेरी याद,

जब भी...

हमेशा दिल धड़काती आयी

कभी चाँद की चांदनी सी

और कभी

सूरज की किरणों से आयी

आयी तेरी याद

जब भी

हमेशा रौशनी चमकाती आयी

कभी खुली आँखें से

और कभी

बंद पलकों पर आयी

आयी तेरी याद

जब भी

हमेशा ख़्वाब सजाती आयी

कभी पल भर के लिए
और कभी
बिताने ज़माने आयी
आयी तेरी याद
जब भी
हमेशा साथ निभाती आयी।

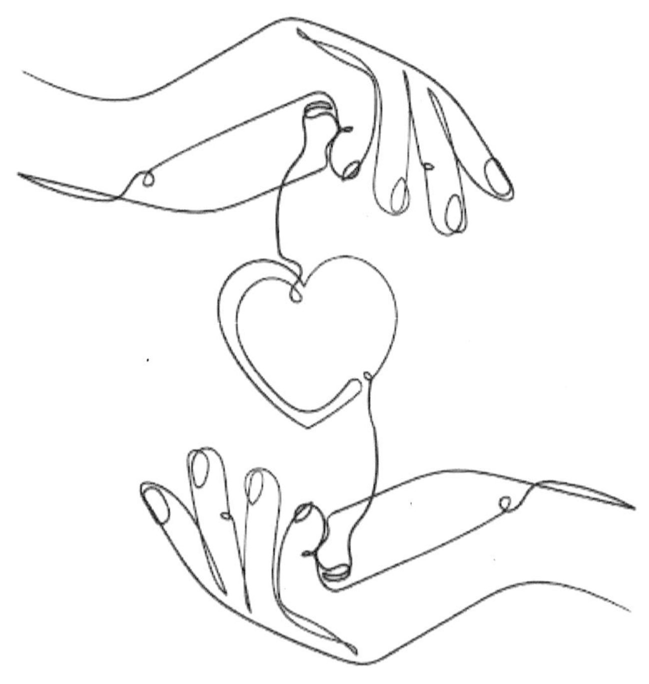

कुछ प्रेमी

मैंने कभी नहीं देखा हमें
सच्चे प्रेम के पर्याय बन चुके
हीर-रांझा लैला-मजनू जैसे प्रेमियों में...

बल्कि जिया हर दिन
उन समान्य प्रेमी युगलों में
जिनकी प्रेम कहानियाँ
हुई सफल, बसाई गृहस्थी
जिए जीवन के उतार चढ़ाव,
दिया एक दूसरे का साथ
तमाम झगड़ो और कलह के
बावजूद भी,
और फिर भी नहीं बन पाए
पर्याय सच्चे प्रेम के

क्यूंकि पड़ी नहीं उन पर
और लगी नहीं उन को
दुनिया वालों की नज़र
हीर-रांझा, लैला-मजनू
की तरह।

प्रेम की नज़रें (वहशत)

वहशत होती है क्या
किसी और को देखते हुए ?

जैसी होती है निगाहों में तिरी
मिरी ओर देखते हुए।

रात सारी हमने गुज़ारी
आसमाँ की ओर देखते हुए।

ख़्याल मन में यही रहा
चाँद और तारे देखते हुए।

कि मुझे देखना है तुझे
किसी और को देखते हुए।

प्रेम का वियोग

अपने परिवार को छोड़ कर
जब कोई प्रेमिका अपने प्रेमी के पास आती है
और वह भी उसका दिल तोड़ देता है
तो वह निराश हो कर इंतज़ार करने लगती है
मौत का।
पेड़ से टूटा हुआ पत्ता गिरता तो हरा भरा ही है
लेकिन उसका सूखता जाना उसे निराश कर देता है
और वह इंतज़ार करने लगता है
किसी के पैरों तले कुचले जाने का।

प्रेम की प्रार्थनाएं

ईश्वर लेता है फैसले
ज़िंदगी के तुम्हारी

ये जान लेने पर
अपने प्रेमी का साथ पाने को
तुमने उसके आगे जोड़े
हाथ-पाँव।

तुम्हारी ये प्रार्थना
ईश्वर ने सुनी
और दे दिया तुम्हें उसका साथ।
उसे पा लेने पर
तुमने अपने प्रेमी को ही दिया दर्जा
ईश्वर का
मान बैठे, बना बैठे
तुम उसे ही ईश्वर।

और

अब तुम जोड़ते हो
हाथ-पाँव

उसके आगे

क्योंकि

अब वो लेता है फ़ैसले

जिंदगी के तुम्हारी।

प्रेम की पीड़ा

प्रेम तो
बेवजह ही कलंकित है
पीड़ा तो प्रेमी दिया करते हैं।

प्रेम का माँझा

कभी-कभी प्रेम में कुछ रिश्ते उलझ जाते हैं, माँझे की भाँति! उनको सुलझाने में चाहे जितनी जान लगा दो, परन्तु वो काटते चला जाता है, हर उस तर्क को जो हम लगाते हैं उसे उस पादजाल से निकालने के लिए। पर तय हमें ही करना है कि क्या वाकई न्यायोचित है सहन करने ये दर्द, ये चुभन, ये जख्म उन रिश्तों को बचाने के खातिर या छोड़ दिया जाये उन्हें
...उन्हीं घुमाव में?

प्रेम का अध्याय

कुछ प्रेमी हो जाते हैं एक दूसरे से दूर
ख़त्म हो जाता है
उनका अध्याय एक दूजे के जीवन में
फिर भी यादें उनकी बार-बार
आपको वहीं ले जाती हैं
उन्हीं पन्नों में...
जैसे आपने कोई बुकमार्क सा लगा कर छोड़ा हुआ हो
कि ये किस्सा...
ये अध्याय...
बहुत महत्वपूर्ण है।

प्रेम की अंगूठी

मैंने फिल्मों में देखा था
कैसे एक प्रेमी थामता है
अपनी प्रेमिका का हाथ
चूमता है उन्हें और
पहनाता है अंगूठी

तुमने भी
पहनाई अंगूठी
और थमा दिया
एक गुच्छा चाबियों का

जिनको बांधकर कर
अपनी साड़ी में
मैंने संभाली
रसोई, बेली रोटियां
और छौंकी सब्ज़ी

बनाया तुम्हारी पसंद का खाना,
हर रोज़

जिसे खा कर
तुम अक्सर तारीफ किया करते हो

पर आज जब तुमने बोला
कि "खाना बहुत अच्छा बना है।
जी चाहता है, तुम्हारे हाथ चूम लूँ"

तो लगा मानो सच में
चूम लोगे तुम हाथ मेरे।

प्रेम की उम्मीद

तुम्हारा होना

साथ होने जैसा नहीं है

पर जुदा होने जैसा भी तो नहीं है

यह ऐसा है

गोया,

खुद को पंखे से लटका तो लिया

परन्तु पाँव के नीचे से

स्टूल नहीं हटाया जा रहा

क्यूंकि मुझ में उम्मीद है तुम्हारे मुझे बचा लेने की।

प्रेम में निराशाएँ

मेरे अंदर रोज़ कुछ ना कुछ
थोड़ा थोड़ा कर के मरता है
हर उस निराशा से जो मुझे वक़्त, हालात
और प्रेम से मिल रही है।

प्रेम का अधूरापन (कब पूरे आए थे तुम)

कब पूरे आये थे तुम, क्यों ये हिस्से छोड़ते जा रहे हो?

अंदाज़ा है मुझे भी दूरियों का, क्यों ये मील का पत्थर
छोड़ते जा रहे हो?

तुमसे पहले था ही नहीं कोई
कोई नहीं आएगा बाद तुम्हारे।
 बंद कर दो, रहने दो,
क्यों ये दरवाज़े खुले छोड़ते जा रहे?

सूरज से भी अब रौशन नहीं होगी ज़िंदगानी मेरी
और तुम बस बत्ती खुली छोड़ते जा रहे हो?

प्रेम का बोझ

प्रेम में पल रही इच्छाओं का बोझ
अपने कंधो से उतार कर
अपनी कविता के शब्दों
में उकेर दिया

मैंने भी खुल कर साँस ली
और कविताओं में भी जान आ गयी

इस तरह हम दोनों बन गए
एक दूजे के जीवन साथी।

प्रेम का चाँद

देखता हूँ कभी जो चाँद को फ़लक पर सोचता हूँ कि सियाह दाग़ हैं जो ये अनगिनत, क्या हैं ये बराबर इन अनगिनत तारों के? क्या हैं ये अनगिनत टुकड़े चाँद के? क्या चमक रहा है चाँद, अपने इन तमाम टुकड़ो के साथ सब ग़म भुलाकर ख़ुश करने के ख़ातिर इस फ़लक को? ख़ुश करने के ख़ातिर तुम्हें जैसे मुस्कुराता हुआ मिलता हूँ मैं भी हर दफ़ा... अपने दिल के इन तमाम टूटे हुए टुकड़ो को संभालता हुआ?

तुम्हारे प्रेम ने मुझे चाँद बना ही दिया।

प्रेम की तकदीर

कुछ मुट्ठी प्रेम की रेत
एक पोटली में भर लायी

और सागर से बहुत दूर
एक महल बनाया...

मगर उसी रात शहर में तूफ़ान आया
और बड़ी बड़ी इमारतें भी डूब गई।

प्रेम

क्या है ये प्रेम अगर दर्द नहीं है तो?
दर्द जो ढूँढता है तुम्हारे स्पर्श की दवा

या यूँ कहूँ कि यह एक अधीरता है जो
अपने आप बढ़ने लगती है तुमसे दूर होते ही

इसे बुला भी सकते हैं पागलपन
जो मस्तिष्क के हर तर्क को झुठला देता है

मुमकिन है कि ये प्रेम है वो अकेलापन
जो मुझे तुमसे क़रीब हो कर, तुम ही से मिला है

सच कहूँ तो प्रेम को मैं दे सकती हूँ सैंकड़ो नाम
जब तक तुम ख़ुद कोई एक नाम इसे नहीं दे देते।

www.ingramcontent.com/pod-product-compliance
Lightning Source LLC
LaVergne TN
LVHW091217180726
843490LV00007B/2810